Volta Bocage...

MANUEL MARIA DE BARBOSA DU BOCAGE

FRANCISCO CÂNDIDO XAVIER

Volta Bocage...

SONETOS DO ESPÍRITO DE

MANUEL MARIA DE BARBOSA DU BOCAGE

Com apreciação, comentários e glossário

PELO

Prof. L. C. PORTO CARREIRO NETO

☆

FEDERAÇÃO ESPÍRITA BRASILEIRA
DEPARTAMENTO EDITORIAL
Rua Souza Valente, 17
20941-040 — Rio-RJ — Brasil

ISBN 85-7328-169-3

B.N. 7.709

5ª edição – *Do 22,2º ao 22,6º milheiro*

1-AA; 005-O; 7/2005

Capa de CECCONI

Composição e editoração:
Departamento Editorial e Gráfico – Rua Souza Valente, 17
20941-040 – Rio de Janeiro, RJ – Brasil
CNPJ nº 33.644.857/0002-84 *I.E. nº 81.600.503*

Pedidos de livros à FEB – Departamento Editorial:
Tel.: (21) 2187-8282, FAX: (21) 2187-8298.

CIP-BRASIL. CATALOGAÇÃO-NA-FONTE
SINDICATO NACIONAL DOS EDITORES DE LIVROS, RJ.

B64v
5.ed.

Bocage (Espírito)

Volta Bocage- / sonetos do Espírito de Manuel Maria de Barbosa du Bocage; [psicografados por] Francisco Cândido Xavier; com apreciação, comentários e glossário pelo Prof. L. C. Porto Carreiro Neto. 5. ed. – Rio de Janeiro: Federação Espírita Brasileira, 2005

64p.: 18 cm

ISBN 85-7328-169-3

1. Bocage, 1765-1805 – Biografia. 2. Literatura espírita. 3. Obras psicografadas. I. Xavier, Francisco Cândido, 1910-2002. II. Título.

98-0660. CDD 133.93
CDU 133.7

280498 300498 005137

Apreciação

Fora ousadia de qualquer um "apresentar" Bocage. O estro maravilhoso do grande poeta português, que nasceu a 15 de setembro de 1765 e desencarnou a 21 de dezembro de 1805, é desses clarões que fulguram rubros acima de todo o horizonte: para que toda a gente os veja e admire.

Inquieto ou submisso, piedoso ou sarcástico, simples ou grandíloquo, inconseqüente ou sentencioso — era o mesmo Bocage; era o jovem insatisfeito, que deixava a estrídula flauta de Pã caprípede por tanger a langorosa lira de Orfeu ou a maviosa cítara de Apolo; que tanto se arrojava aos pés da "*ninfa etérea, de puníceo manto*", "*mãe dos Amores, das espumas filha, que o amor na concha azul passeia airosa*", como se alcandorava ao regaço "*da imaculada Virgem sacrossanta*", "*Virgem depois de mãe, mulher bendita*"; que, sem de todo desprezar a Calíope de Camões e a Érato de Anacreonte, preferia, no entanto, a Polímnia de Bernardim Ribeiro. E foi com a lira que viveu; que só a quebrou, para refazê-la depois, ao se desatarem os liames que lhe cativavam a ninfa do Espírito ao casulo terreno.

À maneira do cantor de "Os Lusíadas", a quem desejou imitar, indo à colônia portuguesa do Extremo Oriente, enaltecia o Olimpo e adorava o Céu. Ouçamo-lo cantar:

"Camões, grande Camões, quão semelhante
Acho teu fado ao meu, quando os cotejo!
Igual causa nos fez, perdendo o Tejo,
Arrostar c'o sacrílego gigante.

Como tu, junto ao Ganges sussurrante
Da penúria cruel no horror me vejo;
Como tu, gostos vãos, que em vão desejo,
Também carpindo estou, saudoso amante.

Ludíbrio, como tu, da sorte dura
Meu fim demando ao céu, pela certeza
De que só terei paz na sepultura.

Modelo meu tu és... Mas, ó tristeza!
Se te imito nos transes da ventura,
Não te imito nos dons da Natureza."

As Tágides o embeveciam, quanto estarrecido se quedava ante o portento da Via-láctea. Deleitava-lhe o íntimo a ambrosia de Júpiter, como lhe ardia o vinagre do inominável sacrifício do Calvário, lastimando estar no meio daqueles que por seus erros ofendem ao Pai e pelos quais o Cordeiro se deixava imolar:

"O filho do Grão-Rei, que a monarquia
Tem lá nos céus, e que de Si procede,
Hoje mudo e submisso à fúria cede
De um povo, que foi seu, que à morte O guia.

De trevas, de pavor se veste o dia,
Inchado o mar o seu limite excede,
Convulsa, a terra por mil bocas pede
Vingança de tão nova tirania.

Sacrílego mortal, que espanto ordenas,
Que ignoto horror, que lúgubre aparato?!
Tu julgas teu juiz!... Teu Deus condenas!

Ah! castigai, Senhor, o mundo ingrato:
Caiam-lhe as maldições, chovam-lhe as penas,
Também eu morra, que também vos mato."

Era Manuel Maria de Barbosa du Bocage um romântico por natureza; e na poesia, que lhe era a vida mesma, um lírico, índole esta que se lhe adivinhava já aos oito anos de idade! Em Setúbal nascera, numa época de transição literária, na qual a literatura de Portugal emergia do marasmo do pseudoclassicismo, ainda dominante no mesmo século XVIII, para o doce período do Romantismo. Desviando-se dos moldes clássicos, demasiado rígidos, Bocage pendeu para a escola que seria a do inolvidável Antônio Feliciano de Castilho: era a luva que se lhe ajustava, por independer de regras convencionais e por visar o efeito da expressão; era a imaginação e a sensibilidade sobrepondo-se à razão; era o individualismo, que não implicava, entretanto, qualquer óbice à expansão do gênio individual; era o desafogo dos sentimentos íntimos, revelados através da poesia lírica; era o instrumento que se oferecia ao poeta, vindo novamente ao planeta em época própria; era a expressão mesma do exuberante Espírito, ávido de desabafo em hinos à Natureza; e, com efeito, embora seu forte fosse o soneto, compôs vários gêneros da poesia, entre os quais odes satíricas e anacreônticas. Recordava talvez, assim, o poeta a Arcádia antiga, ou; ainda, aquele país imaginário de puro bucolismo, de pastores fiéis ao amor; e quem sabe não fora Bocage um deles?

Insatisfeito, como sempre, não lhe agradou o estilo da famosa "Arcádia de Lisboa", sucessora das pitorescas escolas que reinavam desde o século XII e que viveu de 1757 a 1774. Em divergência com Francisco Manuel do Nascimento, conhecido por "Filinto Elísio", que compunha odes segundo o modelo do clássico Horácio, fundou o "Elmanismo", o grupo dos admiradores de "Elmano", adotado na Nova Arcádia. Era seu pseudônimo "Elmano Sadino", sendo "Elmano" o anagrama de Manuel e "Sadino" por ter o vate nascido às margens do rio Sado.

Temperamento irrequieto, defrontou-se, no mundo, com os distúrbios que ele mesmo propiciava. Sedento de paisagens, por mais íntimo contacto com a Natureza, viajou, por profissão espontaneamente eleita, até longes terras, e mais além pretendia se não fora motivo de força maior.

O espírito de liberdade o não deixava repousar, e assim vibra:

"Liberdade, onde estás? Quem te demora?
Quem faz que o teu influxo em nós não caia?
Por que (triste de mim!), por que não raia
Já na esfera de Lísia a tua aurora?

Da santa redenção é vinda a hora
A esta parte do mundo, que desmaia:
Oh! Venha... Oh! Venha, e trêmulo descaia
Despotismo feroz, que nos devora!

Eia! Acode ao mortal, que frio e mudo
Oculta o pátrio amor, torce a verdade,
E em fingir, por temor, empenha estudo.

Movam nossos grilhões tua piedade;
Nosso numen *tu és, e glória, e tudo,*
Mãe do gênio e prazer, ó Liberdade!"

A deplorável mentalidade da época mereceu, diversas vezes, a candente reprovação por parte do genial satírico, e Bocage "*chibava*" de rijo, sem peias nem rebuços, "*na súcia dos tafuis*". Aumentava destarte sua própria angústia, que lhe nasceu desde que ficara órfão de mãe aos dez anos de idade. Essa índole buliçosa lhe custou amargos dias, sobretudo naquele período de vero despotismo, assim governamental, como religioso; perseguido, em conseqüência de linguagem desenvolta, entregaram-no as autoridades civis ao "Santo Ofício", a pretexto de ofensas à Fé. Preferível lhe foi, por sem dúvida, o enclausuramento nos cárceres daquele tribunal, donde foi removido para um mosteiro e depois para o Hospício de N. S.ª das Necessidades; as autoridades eclesiásticas o trataram, porém, com brandura e com a consideração que lhes merecia o talento do ilustre prisioneiro.

Não quero crer que os maus versos de Bocage, isto é, aqueles em que estrugia a "*vil matéria lânguida*" em rasgos de sangue moço, fossem a revelação de caráter inferior. Todas as paixões, com as quais se lhe procure denegrir a memória, são frutos da mesma árvore, são contingências desse misto de luz e de treva, desse milagre — divino privilégio! — de sol e caligem coexistentes em tão minúsculo âmbito do cárcere carnal e que se chama criatura humana. Tudo, ao contrário, revelava, no poeta, ascensão; tudo lhe estuava de vida intensa. Poderíamos dizer, por paradoxo, que o matara, não a míngua de energia, mas o excesso de vida; que cerrara os olhos à pletora de luz; que, à força de atropelar o trabalho de Cloto e de Láquesis, decidira Átropos escindir-lhe, duma vez, o fio mal tecido.

Cite-se, ainda, sua adesão, uns dois anos antes de partir para o "*refulgente empíreo*", ao chamado "Grupo dos Filósofos", que com o "Grupo dos Fidalgos" e o "Grupo dos Brejeiros" formava espécie de academia no convento de São Vicente. Por que sua preferência pelo "Grupo dos Filósofos"? Por lhe parecer mais sincero nos propósitos: ao segundo mencionado pertenciam nobres enfatuados e vazios, com os quais a elevação de espírito do poeta absolutamente não se poderia coadunar; ao terceiro muito menos pudera dar apoio, pois nesse imperavam deidades muito diversas das musas.

Eis o Bocage, a quem o "*das Gorgonas, das Fúrias negro bando*" pretende lançar a pecha de "*ser odioso, além de desgraçado*". Mas diz o forte bardo:

"Não me consterna o ver-me trespassado
Com mil golpes cruéis da desventura,
Porque bem sei que a frágil criatura
Raramente é feliz no mundo errado."

Essa "desventura" não se resume só na sua existência farta de tribulações; deve entender-se também como o infame golpe de "*buídos punhais*", que brandem não os "*três vis algozes*" de Inês de Castro, senão "*a sussurrante, a vil Maledicência*", a "*inveja pestilente*" que "*sobre o néctar, que a ventura por mãos de neve*" oferecera ao poeta, cuspiu, e ainda cospe "*lívidas gotas de infernal peçonha*".

Eis por que lhe sai da alma esta vibrante queixa:

"O rumor, que me ultraja, é fraudulento;
Senhor, meu coração não jaz corruto,
Corruto não está meu pensamento."

Que sejam de Elmano verdadeiros os estouvamentos de que lhe havemos notícia: não seriam esses desvios um derivativo patente, como que espezinhamento da matéria, contra a qual o ardente Espírito se rebelava? Esgota a amarga taça da mocidade e, com esta, a si mesmo. Reconhece, porém, a inutilidade dessa luta feroz entre Espírito e matéria, pelas armas desta. Verifica, e não só em extrema hora, que os meios de vitória do homem não são os materiais, senão os espirituais, e lança aos ventos estes gemidos de remorso:

"Sim, erros cometi, mas erros choro,
Não com pranto sagaz, que a vista ilude:
Da abjeta hipocrisia ardis ignoro."

Vemo-lo lançar aos ombros do homem a responsabilidade integral dos seus atos e o traçado do seu destino:

"Vós, crédulos mortais, alucinados
De sonhos, de quimeras, de aparências,
Colheis por uso erradas conseqüências
Dos acontecimentos desastrados.

Se à perdição correis precipitados
Por cegas, por fogosas impaciências,

Indo a cair, gritais que são violências
De inexoráveis céus, de negros fados.

Se um celeste poder tirano, e duro,
Às vezes extorquisse as liberdades,
Que prestava, ó Razão, teu lume puro?

Não forçam corações as divindades;
Fado amigo não há, nem fado escuro:
Fados são as paixões, são as vontades."

E ainda afirma:

"..
Um Deus adoro, a Eternidade temo,
Conheço que há vontade, e não destino."

Tais palavras desmentem o errôneo juízo que as autoridades formavam do "*ímpio, cruel, sacrílego, blasfemo*", pois bem queriam vê-lo consumido em "*língua voraz de labareda ardente*", naquele

"Bárbaro tempo! Abominosa idade;
Às outras eras pelos Fados presa
Para labéu e horror da Humanidade!
Flagelos da virtude e da grandeza,
Réus do infame e sacrílego atentado
De que treme a Razão, e a Natureza!"

Diga-se, em consciência, se era "ímpio" quem assim raciocina:

"Qual novo Orestes entre as Fúrias brada,
Infeliz, que não crês no Onipotente;
Com sistema sacrílego desmente
A razão luminosa, a fé sagrada.

Tua bárbara voz iguala ao nada
O que em todas as coisas tens presente;

Basta que o sábio, o justo, o pio, o crente
Louve a mão, contra os maus do raio armada.

Mas vê, blasfemo ateu, vê, monstro horrendo,
Que a bruta opinião, que cego expressas,
A si mesma se está contradizendo:

Pois quando de negar um Deus não cessas,
De tudo o inerte Acaso autor fazendo,
No Acaso, a teu pesar, um Deus confessas!"

E seja-nos permitido acrescentar, do mesmo bardo:

"Salve, princípio d'alma, etéreo lume!
Se um Deus não fora, que seria Elmano!
Existe o vate, porque existe o nume."

Proclame-se "blasfemo" o cantor, que por todos os mortais — e entre esses os seus detratores, exora:

"Eterno Deus! Não longe de teus lares
Tépida nuvem de maldito incenso,
Dado ao negro Satã, perturba os ares.
Que tolerância tens, monarca imenso!
Por mais crimes, senhor, que o mundo faça,
Tudo releva teu amor intenso.
Desce, ah! desce dos céus, potente graça,
Difunde a santa luz, a santa crença
Pelos cegos mortais, que o erro enlaça!"

Tais versos, tão miríficos quão surpreendentes — pois da autoria de alguém a quem se atribuem vilezas —, bem poderiam figurar na presente dúzia, ora brindada através do lápis do excelente Francisco Cândido Xavier; entretanto, forjou-os o Espírito ainda enclausurado.

Contra os "sacrílegos", que o perseguiam por sectarismo, cabe o anátema, por desfigurarem a Imagem Sagrada:

"Um Ente, dos mais entes soberano,
Que abrange a terra, os céus, a eternidade;
Que difunde anual fertilidade,
E aplana as altas serras do oceano:

Um nume só terrível ao tirano,
Não à triste mortal fragilidade;
Eis o Deus, que consola a Humanidade,
Eis o Deus da razão, o Deus d'Elmano:

Um déspota de enorme fortaleza,
Pronto sempre o rigor para a ternura,
Raio sempre na mão para a fraqueza:

Um criador funesto à criatura;
Eis o Deus, que horroriza a Natureza,
O Deus do fanatismo, ou da impostura.

Aludindo à profecia de Isaías: "Eis que a virgem conceberá e dará à luz um filho, e chamará o seu nome Emmanuel" (Isaías, cap. VII, v. 14), estendida no cap. XI, que, por ser longo, aqui não podemos transcrever, tem o poeta o seguinte surto:

"Queimando o véu dos séculos futuros
O vate, aceso em divinais luzeiros,
Assim cantou (e aos ecos pregoeiros
Exultaram, Sion, teus sacros muros):

"O justo descerá dos astros puros
"Em deleitosos, cândidos chuveiros,
"As feras dormirão com os cordeiros,
"Suarão doce mel carvalhos duros;

"A Virgem será mãe; vós dareis flores,
"Brenhas intonsas, em remotos dias;
"Porás fim, torva guerra, a teus horrores."

Não, não sonhou o altíssono Isaías;
Ó reis, ajoelhai; correi, pastores!
Eis a prole do Eterno, eis o Messias!"

Em comentário aos dois mundos — o daqui e o d'além — encontramos estes versos magistrais dum mesmo soneto, em que o vate lamenta a partida duma das irmãs para a pátria espiritual:

"..................................

O que é do céu ao céu restituíste,
Restituíste ao nada o que é do nada.

"..................................

É cativeiro para o justo a vida,
A morte para o justo é recompensa."

Idéias estas pura e lidimamente cristãs — na ampla acepção do termo — poderiam também haver sido agora ditadas pelo poeta já liberto no Espaço; versos que se enquadram na genuína escola da poesia lírica, que tanto apreciava a repetição de palavras, como a que notamos nos transcritos.

Bocage, um "ateu", que consagrou a Deus quatro ou cinco sonetos e ao Cristo três; que à Virgem dedicou um, além de quatro cantos, dois dos quais compostos para solenizar a festividade de 8 de dezembro!

E agora pasme, leitor, com esta revelação da lei do "Carma":

"Nas páginas fatais é tudo eterno!
O que se escreve ali jamais se risca."

Eram, outrossim, do estilo o contraste e o confronto: a este respeito, os sonetos pela primeira vez hoje divulgados são também exemplo vivo. Recordemos o seguinte, que todo o escolar sabe de cor:

"Nos campos o vilão sem sustos passa,
Inquieto na corte o nobre mora;
O que é ser infeliz aquele ignora,
Este encontra nas pompas a desgraça.

Aquele canta e ri; não se embaraça
Com essas coisas vãs que o mundo adora;
Este (ó cega ambição!) mil vezes chora,
Porque não acha bem que o satisfaça.

Aquele dorme em paz no chão deitado,
Este no ebúrneo leito precioso
Nutre, exaspera velador cuidado.

Triste, sai do palácio majestoso;
Se hás de ser cortesão, mas desgraçado,
Antes ser camponês e venturoso!"

*

Não sei se fora justo, do ponto de vista em que nos colocamos, um paralelo entre Bocage e o protagonista Jorge, de "A Viuvinha", de José de Alencar. Bem creio que, como o estróina rapaz, cuja alma se conservara alheia à agitação da matéria e isenta do lodo onde se afundaram os bens herdados, o Espírito do poeta, vagando por altíssimas regiões, nestas permanente morada havia, longe do vício que lhe era estranho.

Houve quem julgasse Bocage "um fruto da sua época": seria uma justificação do estranho proceder do rapaz, mas afirmativa cediça, que se repete sem reflexão. Comentando esse juízo, outro crítico não perdoa ao melodista lusitano as inegáveis fraquezas, alegando que nem todos os coevos de Bocage se permitiram arrastamento pelas correntes daquele tormentoso trecho da vida portuguesa. Outro assevera que Elmano "veio ao mundo fora do seu tempo": que difícil que é a vida!

Para mim, o problema está malposto. Dizer que alguém seja "fruto da sua época" é, de certo modo, negar-lhe individualidade, o que é patentemente falso; cada um de nós tem uma personalidade, pela qual se distingue dos demais homens e pela qual é responsável no âmbito coletivo: isto, em primeiro lugar. Frutos duma época seriam milhões de criaturas, que, entretanto, se diferençam tanto quanto (para seguir a mesma imagem) se formassem em épocas distintas; e, para demonstrá-lo aos que assim raciocinam, basta alçar os olhos àquela outra afirmativa, tão generalizada: "era um homem *fora* da sua época". Em segundo lugar, a própria asserção do segundo crítico, a que aludimos, desmente este conceito; buscando aviltar o grande vate, observa que outros homens procederam, na mesma época, de modo bem diverso e, ao seu ver, bem mais digno.

As criaturas animadas não são "frutos do seu tempo", quais frutos da mesma árvore. A estes não lhes cabe a culpa de ser amargos, nem a glória de ser doces; a estes não poderiam ser comparadas aquelas, que têm uma consciência; se assim fora, adeus responsabilidade, mérito e demérito! Observadores que tais vêem de esconso o complexo problema humano; como fonte das faculdades anímicas enxergam tão-somente a matéria, aquela que receberia, de pronto, as influências do meio e que agiria a seguir, de moto próprio.

Não se pode, por evidente, negar a influência do meio sobre o indivíduo, como não se pode deixar de reconhecer a do corpo físico sobre o Espírito; mas daí afirmar que alguém seja "fruto da sua época", o que vale dizer "do seu meio", vai infinita distância. A não ser um Cristo, ao que saibamos, todos os Espíritos, que aportem às plagas terrenas, hão de sofrer das injunções do ambiente-espaço e do ambiente-tempo; a matéria, de que ainda se acham revestidos — abstração feita mesmo do material mais grosseiro e palpável — há de ter sombra, de receber sombra, de projetar sombra, até que fuja a essa condição alcançando a radiosidade do Mestre, que em torno de si, por maravilha, só despede luz e em cujo diáfano corpo não encontram guarida as sombras dos mortais.

O problema, dissemos, está malposto. Desejam, os que menos do que os espiritualistas atingimos, afirmar uma verdade maior do que supõem. É fato que, por inferiores que somos — uns mais abaixo, outros mais acima —, tem a época, em que reiniciamos o ciclo da vida, influência, maior ou menor, sobre o nosso Espírito. Os menos evoluídos serão, necessariamente, os mais tocados pelo meio, o qual tem, por natureza, mais de material do que de espiritual; os golpes lhes ferem a pele de mais rijo e a reação lhes é proporcionalmente mais intensa. Tendo material menos delicado, sentem-se atingidos com extrema violência, por oferecer tanto maior resistência: lembra-nos aqui a fábula do carvalho e do caniço; e ainda aqui nos vêm à mente as palavras, sempre judiciosas, do Mestre, sobre a não-resistência aos maus.

Ocupando nosso planeta uma ordem relativamente inferior, é, pois, natural que seus habitantes, em grande maioria, sofram, de modo mais profundo, os embates desagradáveis de tal círculo. Os próprios Espíritos elevados, que se dignam baixar entre nós, sejam os que encarnam, sejam os que fortuitamente nos procuram para dar conselhos ou que a nós se afeiçoam para guiar-nos, padecem da pestilência em que nos debatemos; é-lhes enorme sacrifício o contacto conosco, da mesma sorte que verdadeira caridade é a preciosa abnegação de médicos e enfermeiros em colônia de leprosos: nunca seremos demasiado gratos a uns e outros desses missionários.

O que não vêem os materialistas, nem mesmo os que não admitem o princípio da reencarnação, é que o Espírito encarna em *época própria*, para nela encontrar as condições que deve preencher para seu progresso e para o avanço da coletividade, restrita ou planetária, a que é destinado. É inconseqüente o espiritualista que, admitindo a alma, pretende seja esta criada no momento em que deva receber um corpo material, responsabilizando-a, a seguir, por atos que a condenarão por todo o sempre ou que lhe trarão louros de vitória a ser usufruída em algum hipotético Nirvana.

Se, pois, descemos em determinada época e em lugar fixado, então e aí devemos cumprir um destino, de acordo com o plano dos nossos Maiores, que opinam ser a nossa tarefa útil, não só a nós mesmos, como a todos com quem passemos a conviver. Não seremos, assim — é claro —, "frutos da época", mas deparamos com uma época, em que possamos desenvolver as capacidades adquiridas e receber outras, utilizando umas e outras na medida de nossas posses e consoante nossa vontade.

Essa liberdade de ação é um dos mais fulgurantes traços do plano do Altíssimo, e por ela ninguém é forçado a seguir este ou aquele rumo, principalmente na esfera moral. No campo científico é compreensível que os estudiosos estejam ligados às teorias dominantes; ainda assim, os de maior visão lançam novas concepções, combatidas, muitas vezes, pelos rotineiros. Sobre questões filosóficas semelhantes considerações se podem expender; mas, é força convir, o mesmo não se dará na esfera moral.

Insta distinguir entre a ciência da matéria, a filosofia e, dentro desta, em particular, a moral. Ao homem impoluto não lhe enodoam a roupa branca os salpicos da vasa mundana. A ciência adquire-se, como a filosofia se aceita; a moral, porém, é parte essencial do Espírito, e este só se inclinará para o mal por virtude de sua própria imperfeição; isto é, seus atos são filhos do próprio mal que nele reside: não são "filhos do seu tempo", senão desse outro Saturno que demora na alma e que se chama o "homem velho".

Bocage, como todas as criaturas humanas, viveu na sua época própria; deixou-lhe traço indelével duma pena *sui generis*; formou estilo, imprimiu personalidade a um tempo em que a literatura atravessava fase indecisa; suas idéias trouxe-as ele consigo, para firmá-las no ambiente que devera, naquela hora, receber mais largos horizontes; moldou o que era informe e pôs-lhe rutilante sinete, que jamais se extinguirá, nem mesmo perderá de brilho.

Hoje, na ilustre escola do Espaço, banhado na alvinitente luz de tão sábia companhia, pôde eleger o rumo que lhe convinha e tirar do embate dos sentimentos que o dominavam — bons e maus — aqueles que realmente o impeliam para o Alto nas asas do seu Pégaso. Instruiu-se e hoje nos ensina; e, por não perder a fibra, concede-nos admoestações, inspiradas, agora, pela Divina Musa da Redenção.

*

Vejamos, porém, leitor, o reverso da medalha, no tocante à apreciação do gênio que estudamos.

Não somente *"crespa de serpes, hórrida Maldade"* investe contra o grandioso vate que, ostentando *"rico diadema de radioso esmalte"*, *"colheu no Olimpo o antídoto da morte"*. Ainda naquela época procelosa, em que se debatia o pensamento nas garras — já bem aparadas — duma congregação de abutres, é-nos grato ler o relatório do censor João Guilherme Cristiano Müller, membro do Desembargo do Paço e deputado da Mesa da Comissão Geral sobre o Exame e Censura dos Livros:

> "No manuscrito que Vossa Majestade me mandou ver pela portaria retro, apresenta o seu prendado autor novas produções do seu raro talento que lhe assegurara um lugar distinto entre os vates insignes lusitanos, aos quais ainda a posteridade fará justiça.
>
> "Poesias ternas que penetram o coração, e onde, de vez em quando, luzem vislumbres de esclarecida filosofia, cativando a participação dos espíritos mais meditativos do que sentimentais, fábulas graciosas, que ensinam a prática das virtudes as mais benéficas e promovem a intuição de verdades nunca assaz ponderadas, misturadas com traduções que patenteiam tanta familiaridade do seu autor com as belezas das línguas dos originais, como também o seu acesso no santuário dos mais recônditos tesouros do idioma vernáculo, e com epístolas, odes e epodos altissonantes, nos quais desenvolve toda a força

de um gênio culto e transcendente, unido intimamente com uma fantasia inesgotável poética: numa palavra, tudo quanto pode servir de documento de um gosto eminente para os mais admiráveis produtos de todos os tempos e de todas as regiões do nosso mundo, de mão dada com a singular destridade de o transplantar sobre o pátrio chão, enquanto neste se cultivam com igual diligência e feliz sucesso os seus próprios: de tudo isto é a presente coleção um elegante florilégio. Bem pena é ser inevitável que se mostrasse em muitos lugares a influência da atmosfera túrbida, carregada e penosa, debaixo da qual o autor plantou grande parte deste rico jardim. Felizmente, porém, se percebe mais o efeito lamentável disto sobre a mente aflita do poeta, que sobre as flores e frutos encantadores das vergônteas que regou com os eflúvios de seu pranto, em cujo afago a sua musa sempre conserva menos o caráter de ministra de inumanas e indecorosas paixões, do que ditames da razão, moralidade e mimosa discrição, pronta a sacrificar tudo o que pode tentar a fraqueza humana a pecar contra respeitáveis leis, boa ordem social e tranqüilidade civil e doméstica. Eis aqui as observações que resultaram do exame deste manuscrito, e sobre as quais se escora o meu parecer, que haverá poucos tão dignos da faculdade que o suplicante solicita. Vossa Majestade, porém, ordenará o que for servida.

JOÃO GUILHERME CRISTIANO MÜLLER." (*)

No "Dicionário de Rimas Luso-Brasileiro", de Eugênio de Castilho, "correto, aumentado e precedido de um prefácio e de um compêndio de versificação pelo Visconde de Castilho", encontramos a seguinte afirmativa, que bastaria para encerrar esta breve Apreciação:

"O soneto português, podemos dizer sem exageração, nasceu com Bocage, e com Bocage morreu."

(*) **Apud** Gomes Monteiro: **"Bocage, esse desconhecido..."**

Vamos, porém, dar a palavra ao nosso imortal Olavo Bilac, em elogio ao sublime árcade:

"Em Portugal, a arte de fazer versos chegou ao apogeu com Bocage e depois dele decaiu. Da sua geração, e das que a precederam, foi ele o máximo cinzelador da métrica. A plástica da língua e do metro; a perícia ao ensamblar das orações e no escandir dos versos; a riqueza e graça do vocabulário; o jogo sábio e, às vezes, inesperado das vogais e das consoantes dentro da harmonia da frase; a variação maravilhosa da cadência; a sobriedade das figuras; a precisão e o colorido dos epítetos; todos estes difíceis e complicados segredos da arte poética, cuja beleza e variedade às vezes escapam até aos mais cultos amadores da poesia e aos mais argutos críticos literários, e que somente os iniciados podem ver, compreender e avaliar; esta consciência, este gosto, esta medida, este dom de adivinhação e de tato, de que os artistas natos têm o privilégio, tudo isto coube a Elmano, tudo isto se entreteceu no seu talento. Depois dele, Portugal teve talvez poetas mais fortes, de surto mais alto, de mais fecunda imaginação. Mas nenhum o excedeu nem o igualou no brilho da expressão."

Melhor o louve o mesmo príncipe da poesia brasileira, não em linhas corridas, como acima, senão em belíssimo soneto, homenagem digna dum poeta a outro poeta. Ainda mais admiremos Bocage através dessa admiração de quem, por autoridade inconteste, podia avaliar quanto merece talento de tal porte.

E agradeçamos a Deus o mimo que hoje nos oferece o Espírito do bardo lusitano — essas flores de luz, em que se transmudaram as pérolas que colhia do fundo do aguaçal:

"*A BOCAGE*

Tu, que no pego impuro das orgias
Mergulhavas ansioso e descontente,
E, quando à tona vinhas de repente,
Cheias as mãos de pérolas trazias;

Tu, que do amor e pelo amor vivias,
E que, como de límpida nascente,
Dos lábios e dos olhos a torrente
Dos versos e das lágrimas vertias;

Mestre querido! viverás, enquanto
Houver quem pulse o mágico instrumento
E preze a língua que prezavas tanto;

E enquanto houver num canto do Universo
Quem ame e sofra, e amor e sofrimento
Saiba, chorando, traduzir no verso."

E, para encerrar esta Apreciação, apliquemos ao genial Elmano seus próprios conceitos a um amigo que se fora da Terra:

"Neste dia, em que o véu mortal despiste,
Dias eternos te confere a Sorte.
Se longe do universo errado, e triste,
Triunfa teu espírito fulgente,
Imortal entre nós teu nome existe."

Esclarecimento

Os sonetos, que constituem motivo e tema deste opúsculo, foram comunicados, conforme dissemos na "Apreciação", pelo Espírito Bocage através do incomparável lápis do conhecido médium Francisco Cândido Xavier, em Pedro Leopoldo, Estado de Minas Gerais.

Começaram estas luminosas mensagens em a noite de 25 de novembro de 1946, com o seguinte aviso do Guia dos trabalhos: "Agora façam concentração, porque vamos receber uma lembrança dum Espírito que há mais de cem anos não se comunica com a Terra." Isto foi em sessão pública, no Grupo Espírita "Luiz Gonzaga". Aquele pedido de concentração justifica-se pelo fato de que o médium trabalhava enquanto nosso prezado confrade Ismael Gomes Braga, a quem o Guia Emmanuel incumbira de presidir a sessão, explanava trechos de "O Evangelho segundo o Espiritismo", de Kardec.

Foi então recebido o primeiro soneto desta série de doze; em noites consecutivas Bocage, em Espírito, ditou as outras produções, sendo quatro em sessão pública e as demais em círculo reduzido.

Iniciada a 25 de novembro, a série terminou a 6 de dezembro, não durando a escrita de cada soneto mais de três minutos, isto depois de trabalhos estafantes. Observamos, por especial, que todos os sonetos traziam a assinatura do poeta, senão perfeita, pelo menos tão próxima quanto possível, mas sem sombra de dúvida sobre o seu verdadeiro autor. (*)

Após o primeiro soneto comunicou o Guia que o poeta voltaria ainda nove vezes para o mesmo fim. Ao nosso irmão Ismael Braga o médium entregou essa primeira composição com as palavras: "Bocage manda entregar-lhe como lembrança." Aquele nosso confrade pede, porém, que o número de tais mensagens seja elevado para doze, por ser este o número místico do Cristianismo. Responde o poeta que tem permissão somente para dez descidas à Terra; que, no entanto, poderia solicitar a alteração desse plano, informando oportunamente sobre esse pedido. Dois dias mais tarde informou que aquele confrade fora atendido e que pretendia escrever o último soneto a respeito de DEUS: esta promessa foi cumprida, conforme se lê no Soneto XII.

Não sei por que Ismael Braga, com um nome consagrado e querido por todos os títulos, não quis apresentar a público estas jóias do magnífico Elmano; faço-o eu, também não sei bem por quê. O fato é que não podiam tais preciosidades permanecer na sombra dum escrínio, como não se mantém a luz debaixo do alqueire.

Não são estes sonetos do Além meras palavras soltas ao vento, puros devaneios de poeta que sonha, ou de cantor, cuja alma flamejante extravaga em arroubos de encantamento. Constituem, ao contrário, matéria substanciosa, desenvolvida segundo um plano sábio: essa matéria é a própria Doutrina Espírita, e esse plano é o quadro vivo da Natureza, no que tange à criatura humana.

O que ora nos deixou o ilustre príncipe da métrica não foram simples rimas, para férias dos nossos Espíritos; deleita-nos, mas faz-nos meditar; conduz-nos a refletir, mas sem a fadiga de severa filosofia.

Tudo o que é belo nos enleva; e se a poesia tem a precípua faculdade de nos transportar acima do ter-

---

(*) Assinou-os todos: Mel. Mª de Barbosa du Bocage.

ra-a-terra, os presentes versos do magistral vate nos impelem à região do Incognoscível. Acompanhemo-lo, pois, em atitude de prece, como convém a quem se exalce do reino mísero da Sombra ao país da eterna Luz.

*

Para melhor apreensão do conceito emitido em cada soneto, desenvolvê-lo-emos em prosa, logo a seguir. Termos menos vulgares, quais os de entidades mitológicas e outros, tão do gosto do poeta, quando entre nós, terão seu significado num "Glossário", no fim da obra; esses termos representam mais um testemunho da autoria dos versos ora publicados, se não bastara o estilo inconfundível do patrício de Camões.

O conjunto forma verdadeiro "curso de Espiritismo", que, pela forma aqui oferecida, aprendemos muito mais facilmente, pois é sabido que o verso se guarda na memória muito melhor do que a prosa.

Verá, efetivamente, o leitor tratados os "pontos altos" da Doutrina Espírita — que digo eu? —, dos ensinamentos do Mestre entre os mestres, a saber: a submissão à dor, contra a qual o homem terrestre se revoltou e ainda se rebela; o combate aos vícios de toda a sorte: concupiscência, vaidade, orgulho, que nos afastam da espiritualidade; a sobrevivência do Espírito e sua possibilidade de comunicar-se conosco; o destino da alma e o do corpo; a aplicação da inteligência somente para o bem; o triunfo sobre a morte e sobre o próprio horror que esta em geral infunde ao homem, pela prática das virtudes; o prêmio aos vencedores, que seguiram os sagrados mandamentos do Eleito Missionário.

Não lhe esquece fazer sublime rogativa à Imácula Filha do Eterno, louvando-a por ter-lhe estendido os braços em doloroso transe. Deste modo o poeta nos conduz a um dos pontos máximos do Cristianismo: o reconhecimento de benefícios, o qual, quando dirigido aos nossos Maiores, nada mais é do que uma das modalidades da *prece*; ensina-nos, pois, a necessidade da prece para cumprimento das instruções cristãs.

E termina com admirável hino ao Criador, em um gesto de grandíloqua humildade: na impossibilidade de louvar tão majestoso Ser, por deficiência de expressão, brada, contrito e empolgado: "Glorifique-Te o amor com que nos amas!"

Tal grito dalma — não há duvidar — é dum Espírito quintessenciado, desse mesmo, agora mais evolvido, que da Terra dirigiu ao Onipotente a seguinte súplica:

"Ó Deus, ó rei do céu, do amor, da terra,
(Pois só me restam lágrimas, clamores)
Suspende os teus horríssonos furores,
O corisco, o trovão, que tudo aterra!

Nos subterrâneos cárceres encerra
Os procelosos monstros berradores,
Que, enchendo os ares de infernais vapores,
Parece que entre si travaram guerra.

Para nós compassivo os olhos lança,
Perdoa ao fraco lenho, atende ao pranto
Dos tristes, que em ti põem sua esperança!

Às densas trevas despedaça o manto,
Faze, em sinal de próxima bonança,
Brilhar no etéreo tope o lume santo!"

E o Eterno o atendeu.

SONETO I

25-11-1946

Vive o homem no mundo sorte dura,
Por estranho caminho arremessado,
Fero titã cativo a negro fado,
Do berço morno à fria sepultura.

Triste filho dos céus, de alma perjura,
Desprezível Adão acorrentado
Ao desterro de sombras do passado,
Respira o lodo e chora a desventura!

Ao vão orgulho — a esse deus imigo,
Altares vãos erige, por vaidade,
Que, na treva, o mantém revel mendigo!

Por mais altos pregões a fé lhe brade,
Traz, desditoso, o cárcere consigo,
Atado à Morte em plena Eternidade.

Ensina que o homem é um anjo decaído, em conseqüência do mau uso que fez de seu livre-arbítrio:

tem-se, deste modo, a figura do "pecado original". Seu passado de culpas arremessou a criatura num mundo infeliz, onde deve expiar suas faltas em duras provas. Infelizmente, em vez de se submeter à dor, que redime, o homem se rebela por orgulho, que lhe agrava a situação, e assim prolonga seu cativeiro no cárcere da matéria.

NOTA: Alguns versos, como os tercetos acima, além de outros, foram depois modificados pelo Espírito comunicante.

A ortografia do original, redigido a lápis pelo médium, em toda esta série de sonetos, é a antiga, o que mais testemunha a veracidade da autoria destas produções. Este acréscimo de testemunho se entende com os incrédulos, não, evidentemente, com os confrades. Diremos, a propósito, com o excelso Camões:

"Aos infiéis, Senhor, aos infiéis,
E não a mi, que creio o que podeis."

SONETO II

26-11-1946

Novamente a escrever, Musa inconstante,
Desafiando o espírito moderno...
De onde vens, triste Elmano? Vens do inferno?
Dos complicados círculos de Dante?

— Não perturbes o alígero viajante!
Proclamo a essência do meu ser eterno!
Depois de atravessar o escuro Averno,
Consterna-me a Verdade alucinante.

O que Elmano chorou ao surdo vento
No Letes se perdeu... Jamais te conte
O que te agrave o lôbrego tormento!

Basta a certeza, a mitigar-te a fronte,
De que além do cadáver macilento
Contemplarás a luz de outro horizonte...

As comunicações de além-túmulo provam-nos a sobrevivência do Espírito. Não deve, porém, tal intercâmbio ser utilizado na ociosa indagação, por mera curiosidade, da situação particular de cada pecador no mundo espiritual. Outrossim, a certeza de haver "outro horizonte", além do qual se estará banhado da luz verdadeira, nos obriga a pensar em que todos os nossos atos serão aí focalizados; daí o cuidado em nosso proceder na Terra, pela responsabilidade com a qual enfrentaremos a Luz Celeste.

SONETO III

27-11-1946

Sonhava o pobre Elmano, ao sol da graça,
Aventuras sem-fim que Amor nutria,
Louco, vivendo ingrata fantasia,
Da velha China às margens do Regaça.

Infortunado vate! Mal sabia
Que o langotim da carne brilha e passa!
E, cego de prazeres, pôs-se à caça
Das mentiras cruéis que Amor trazia.

Que vale o bojo lúcido e encantado
De embarcação sem praias, onde aporte,
Brigue de ouro no abismo encapelado?!

Assim colhi do mundo amarga sorte,
Quando desfez o Tempo duro fado,
Devolvendo-me o sonho ao gral da Morte!

Adverte-nos contra os prazeres sensuais, emanados do instinto da carne efêmera e que a nada conduzem, qual embarcação dourada, exposta ao mar proceloso e sem porto de destino. A tempestade, na vida humana, são as paixões desenfreadas, que só fazem perturbar e afligir o Espírito; só ao desencarnar, compreende este o mal que lhe trouxeram tais gozos.

SONETO IV

28-11-1946

Volta, Bocage, ao mundo e grita ao Fado
Que a Fama vil padece desengano,
Que a carícia de Ismene é fogo insano
Depois do escuro Estige atravessado.

Antes viver no exílio sem agrado,
Sofrer de Goa o beleguim tirano,
Beijar fusco Hidal-Khan por soberano
Que ser presa de gozo desmarcado.

Preferível guardar ervadas setas
Da calúnia que mata pouco a pouco,
Sucumbindo entre as dores mais abjetas,

Que morrer, de olhar baço e peito rouco,
Na miserável chusma dos patetas
E acordar no outro mundo como louco.

Combate a vaidade que aspira à fama e glória entre os homens. Todos os sofrimentos, todas as humilhações são preferíveis à sede de admiração mundana; esta nos enche de orgulho e de ilusões e nos projeta num mundo de dores atrozes, após o desligamento do Espírito, longe da multidão ignara que nos incensava. Ainda nos acautela contra as falsas delícias amorosas, que, após a morte do corpo, se transformam em chamas torturantes para o Espírito.

SONETO V

29-11-1946

Doce Mãe, Sereníssima Senhora,
Dos teus olhos velados de Doçura
Nasce fresca a alvorada, que fulgura
Na infortunada sombra de quem chora!

Quando meu ser vagava em noite escura,
Nas angústias do abismo que apavora,
Estendeste-me os braços, vendo, embora,
Minhas chagas de treva e de loucura...

Ante o Regaço Fúlgido consente
Que minha fé se exalte, embevecida,
Prosternada, ditosa, reverente.

Recebe no dossel de Graça e Vida
O louvor de teu filho penitente,
No clarão de minh'alma convertida. (*)

(*) Este soneto foi escrito enquanto nosso confrade Ismael Gomes Braga fazia a prece de encerramento da sessão pública,

Depois de nos prevenir contra os vícios, quais o orgulho, a vã curiosidade, a concupiscência e a vaidade, o poeta nos dá exemplo de submissão e de reconhecimento pelos bens recebidos. Assim, ele se dirige, humilde, a Maria Imaculada, pondo-lhe aos pés sua *gratidão*, pela graça de socorrê-lo na treva, e *louvando-a*, por lhe ter convertido a alma, agora iluminada. Desta maneira, o poeta nos apresenta a prece como *dever* da criatura, que espera dos Espíritos superiores o auxílio nas situações aflitivas em que se encontre; e esse precioso auxílio lhe vem nas horas de cegueira dalma ou nos momentos de perturbação e desatino do Espírito.

O soneto acima parece ser conseqüência deste outro, que o poeta compôs na Terra e em que invoca o amparo da mesma "Virgem das Virgens":

Tu, por Deus entre todas escolhida,
Virgem das virgens, tu, que do assanhado
Tartáreo monstro com teu pé sagrado
Esmagaste a cabeça intumescida:

Doce abrigo, santíssima guarida
De quem te busca em lágrimas banhado,
Corrente com que as nódoas do pecado
Lava uma alma, que geme arrependida:

Virgem, de estrelas nítidas c'roada,
Do Espírito, do Pai, do Filho eterno
Mãe, filha, esposa, e mais que tudo amada:

Valha-me o teu poder, e amor materno;
Guia este cego, arranca-me da estrada,
Que vai parar ao tenebroso inferno!

Eis, pois, outra faceta da prece: a *súplica* de amparo, nunca negado a quem pede com sinceridade e condição: "*Cor contrictum et humiliatum Deus non despiciet.*"

---

que se estendera por três horas de trabalhos mediúnicos ininterruptos, prece em que implorava a proteção de Maria para os sofredores encarnados e desencarnados. — **Nota do mesmo confrade.**

SONETO VI

30-11-1946

Quem no Gozo consome a luz divina,
Audaz queimando a lúcida candeia,
Do Capitólio vai para a Tarpéia,
Na cova onde a aflição ruge e domina.

Desventurado intento, dura sina,
Do gozador que, mísero, tateia,
Rogando claridade à casa alheia,
Ao resplendor solar que ele abomina.

Desgraçado o destino que se entrega
À prepotência vil, à guerra acesa
Dos instintos da carne escura e cega!

Ó Céus! que atroz suplício, que tristeza
No mendigo da luz, que a luz renega
Às trevas abismais da Natureza!

Ensina que, pelo cultivo do gozo físico e de outras modalidades de sensações materiais, o homem extingue em si mesmo a luz divina da espiritualidade; a criatura se torna cega para os atributos da alma, para as atividades do Espírito: faz-se materialista. Põe-se a mendigar fora de si a luz que, por sua própria vontade, lançara à voragem da animalidade, da natureza inferior. Sem a luz, que "ele abomina" e que, no entanto, procura, estando nela imerso, o homem nada vê e em nada acredita. O poeta nos diz, portanto, que cada um de nós possui uma centelha divina, que cumpre cultivar, e não extinguir, para que, com essa luz própria, possa cada um guiar-se, afastando-se do local de onde se lançaria ao abismo dos condenados; nesse báratro, impossível lhe é receber um raio de luz, uma vez que não se encontra em condições de ser esclarecido. Nova advertência, pois, contra a desmedida obediência aos imperativos da matéria, ampliando a contida no Soneto III.

SONETO VII

1.º-12-1946

Doce a contemplação do empório santo;
Favônios matinais soprando avenas;
Há dilúvios de rosas e verbenas
De resplendente luz, no ebúrneo manto.

Terna revelação, sublime encanto!
Longe da sombra de mundanas penas,
Cantam vozes de dúlcidas Camenas,
Liras de Orfeu, em plácido quebranto.

Tudo sonhos e amores inocentes;
Nada recorda as cóleras da guerra
Que extermina os humanos descendentes!

No sublime concerto tudo encerra
O júbilo dos bons, a paz dos crentes
Que venceram nas lágrimas da Terra.

Se a revolta contra as leis divinas, o cultivo do orgulho, da vaidade, das vis paixões, da ausência de fé, a repulsa voluntária da luz interna, que deveria aclarar-nos o caminho, nos trazem aflição e tristeza, o amor fraternal, a bondade e a fé sincera nos conduzem, em contraposição, ao sonhado Éden. Existem, pois, recompensas e castigos, de acordo com o nosso procedimento ditado pelo livre-arbítrio. Neste soneto o poeta nos descreve as delícias puras, que fruirão os Espíritos vencedores de suas provas na Terra: é o contraste entre o bem, agora focalizado, e o mal, que ele pintara, em seu estilo tão característico, nos versos anteriores.

SONETO VIII

2-12-1946

A passagem do túmulo desata
Tanto a orgulhosos reis, como a pastores,
A Parca de mil dedos matadores
Da cólera medonha em fúria ingrata.

Não lhe valem à horrífica bagata
As riquezas e os dons encantadores,
Nem lágrimas, nem rogos, nem favores;
Nada lhe foge à sanha intimorata.

Ó Deus! Ó Céus! cruel destino humano,
Tremei, mortais, guardando vosso dia
No fraternal amor que obra sem dano.

Rasgam-se os véus de toda a soberbia
Ao vento do sinistro desengano,
Na amarga solidão da cova fria.

Recorda-nos que todos temos de deixar este planeta: orgulhosos, humildes, potentados, ricos, formosos. Não há fugir à morte; mas poderemos aguardar tranqüilamente o instante de partir, alimentando o amor fraterno. Com este sentimento, a morte se nos transforma em amiga, em libertadora, em fonte de felicidades: não o "desengano", nem a "amarga solidão" encontra o Espírito, ao transpor o limiar do Espaço, senão o prêmio da virtude e a companhia de amigos que o esperam de braços abertos. Vencemos, assim, a morte e o horror que geralmente nos causa seu espectro.

SONETO IX

3-12-1946

Que o menestrel ditoso não consiga
Exaltar o esplendor que a morte vela;
Cale meu ser as maravilhas dela,
Rude madrasta! Mãe piedosa e amiga!

Sua destra de sol horrenda e bela,
A emergir do albornoz de treva antiga,
Traz a foice que indômita castiga,
Fere, humilha, golpeia e desmantela.

De Têmis implacável, que não dorme,
Anjo e monstro, prossegue, sem repouso,
Duro alfanje a brandir no campo enorme.

Ao seu olhar sublime e doloroso,
À frente de seu gládio multiforme,
Reconforta-se a dor, padece o gozo.

Continua considerando o tema da morte, cujas maravilhas confessa o poeta ser incapaz de decantar. O genial vate aproveita o tema para mais um dos seus contrastes, como: "rude madrasta, mãe piedosa e amiga", "destra de sol horrenda e bela", "olhar sublime e doloroso". A todos a Parca vigilante olha com inflexível justiça, que eleva a dor e pune o gozo material: premia o bem, castiga o mal.

Note-se a semelhança entre os dois últimos versos do segundo quarteto com os seguintes, também os dois últimos, da 51.ª estrofe do Canto III, de "Os Lusíadas":

"Mas o de Luso, arnês, couraça e malha
Rompe, corta, desfaz, abola e talha."

E, outrossim: compondo soneto, ainda aqui na Terra, no qual se refere às olorosas palmas do Bem e aos cardos aculeíferos do Mal, o mesmo gigante poeta nos dá viva demonstração da sua crença num Ente Supremo. Eis esse soneto:

"Os milhões de áureos lustres coruscantes
Que estão da azul abóbada pendendo:
O Sol, e a que ilumina o trono horrendo
Dessa que amima os ávidos amantes:

As vastíssimas ondas arrogantes,
Serras de espuma contra os céus erguendo,
A leda fonte humilde o chão lambendo,
Lourejando as searas flutuantes:

O vil mosquito, a próvida formiga,
A rama chocalheira, o tronco mudo,
Tudo, que há Deus a confessar me obriga.

E para crer num braço, autor de tudo,
Que recompensa os bons, que os maus castiga,
Não só da fé, mas da razão me ajudo."

SONETO X

4-12-1946

Pobre vate de vão merecimento,
Que viveste a esbanjar talento e rimas,
Foge ao sonho mendaz que desestimas,
Nem procures Harpias do Tormento.

Chora, Bocage, a perda que lamento
— O desprezo do tempo em vários climas,
Dura lembrança que também lastimas,
Na paz buscando imoto esquecimento.

O que é da Terra, clama, tudo passa:
Tanto a flor veludosa da Ventura,
Quanto o acerado acúleo da Desgraça.

De Citeréia foge a formosura;
E enquanto o escrínio vil é dado à traça,
Os empíreos vergéis a alma procura!

O poeta lastima o esbanjamento de seu talento e de suas horas. Tudo isto, clama-nos, lhe foi sem proveito, pois tudo é fugidio neste planeta, onde ilusórias são a aura da Ventura e o furacão da Desgraça. Nem a uma, nem a outra devemos dar importância maior; cumpre-nos fruir a efêmera felicidade, como suportar os não menos fugazes reveses, com o olhar posto em esferas mais elevadas, para onde o Espírito voa, deixando à destruição o invólucro provisório. Construamos, pois, com vistas à Eternidade; nem a obra do Senhor de todos os seres se firmaria em tão perecível fundamento, quais as ilusões da Terra.

SONETO XI

5-12-1946

Louvores não entoes ao pego impuro
De vaidades cruéis e vis mentiras,
Sublime e casta Musa, que suspiras
Pela Terra perfeita do futuro.

Patrocina-me o plectro mal seguro,
Pobre arrabil ao pé de doutas liras;
Alimenta a esperança, que me inspiras,
Nos páramos ditosos que procuro.

Ninfa maravilhosa, vem comigo,
Concede ao vate humilde, que te adora,
O níveo braço, o terno peito amigo!

Guia-me o passo incerto vida a fora!
Abre-me as portas do Divino Abrigo,
Vênus Celeste da Divina Aurora!

Aconselha o poeta que não devemos dedicar a inteligência às coisas mesquinhas, mas aspiremos a um mundo melhor, sonhando um planeta perfeito, onde vivamos, depois de expulsos da Terra os Espíritos inferiores; peçamos do Alto forças para continuarmos a nutrir bons sentimentos, na esperança de atingir a perfeição. Essa aspiração não é mero desejo de afastamento do lodoso círculo em que vivemos; reflete, antes, a necessidade, que sente o poeta, de combater todo o mal, a fim de que sejamos dignos do estado a que aspiramos e a que devemos aspirar, por nosso próprio benefício: assim se cumprirá a lei do progresso do indivíduo e do meio. O novo estado, mais evolvido, é qual outra aurora, em cujo horizonte deverá brilhar a estrela matutina, abrindo as portas do Divino Abrigo. Daí decorre, outrossim, a responsabilidade de cada um de nós em qualquer posição que ocupemos na sociedade: respondemos não só por nós mesmos, senão também pela coletividade. Pensamentos, palavras e obras são instrumentos por vezes mais vivos e eficazes do que os materiais; devem ser, de conseguinte, postos a serviço da Lei Divina, que é construtiva, antes que do regime da força, que destrói.

SONETO XII

6-12-1946

Estro frágil, sem louros, jamais tente
Engrandecer, em míseros cantares,
Os imensos impérios estelares
Do Teu Reino de Luz Resplandecente.

Louvem-te a glória excelsa eternamente
Canôpus, Altair, Sírius e Antares,
Paraísos suspensos, almos lares,
Que balançam na abóbada luzente!

Quem dirá dos mistérios que proclamas
Em turbilhões de sóis, uno e disperso,
Dos Teus castelos de sagradas chamas?

Emudeçam as notas de meu verso!
Glorifique-Te o amor com que nos amas,
Nas mais remotas plagas do Universo!

O poeta encerra este curso com um grandioso hino de louvor a Deus. Jamais serão os poemas humanos dignos de cantar a glória do Criador: só as estrelas podem celebrar a obra do Onipotente. Pequeno é tudo diante da Majestade Divina; e o verso deve emudecer. A glorificação única ao Ente Supremo seja o Amor que Ele nos consagra, pois nem mesmo o nosso amor ao Pai Lhe cantará a grandeza, que abrange o infinito do Espaço e a eternidade do Tempo.

*

Leitor, meu irmão.

Encerremos este magistral breviário como convém: de joelhos, em prece cordial. Acompanhemos o poeta na sua rogativa a Maria, assunta aos céus:

"...

Tu, doce chama, angélica ternura,
Que o Criador envia à criatura,
Ó dádiva celeste, ó dom do Imenso,
Com que aterramos Satanás infenso,
Com que a tormenta das paixões se acalma,

....

Que os tesouros sem-fim do eterno erário
Resumidos conténs nas graças tuas;
Que outros sóis, outros astros, outras luas
Invisíveis a nós, lá vês, lá pisas
No almo, nítido céu, tu divinizas
Meus versos, dedicados até agora
A vãos prestígios, que a fraqueza adora.
Ah! dos teus olhos um volver piedoso
Desarme, ó Virgem bela, o justiçoso
Ente imortal, que os ímprobos fulmina;
Apaga o raio, que na mão divina
A prumo sobre a fronte me chameja:
A quem te invoca teu favor proteja.

...."

E Maria o acolheu.

Glossário

Altair — Estrela de primeira grandeza da constelação da Águia.

Amor — Nos sonetos desta série bocagiana deve entender-se como o deus Amor, isto é, Cupido.

Antares — Estrela de primeira grandeza da constelação do Escorpião.

Arrabil — Antiga rabeca, usada pelos árabes e na Idade Média.

Avena — Flauta pastoril; estilo pastoril, humilde, singelo.

Averno — Lago próximo de Nápoles e que ocupa a cratera de extinto vulcão. Os poetas consideravam-no como entrada dos infernos.

Bagata — Feitiço, bruxaria.

Beijar — Também significa: estar ao pé de.

Beleguim — Esbirro; designação depreciativa dos oficiais de diligências, agentes policiais, etc.

Camenas — As Musas. As Musas eram nove, filhas de Júpiter e de Mnemósine, e presidiam às artes liberais, entre as quais a poesia em seus gêneros lírico, heróico e anacreôntico: Polímnia, Calíope e Erato, respectivamente. Euterpe era a da música.

Canôpus (ou "Canopo") — Estrela de primeira grandeza da constelação do Navio Argo.

Capitólio — Fortaleza sobre o monte Capitolino, onde estava o templo de Júpiter. A este se conduziam solenemente os triunfadores romanos.

Citeréia — Cognome da figura mitológica Vênus.

Climas — Em sentido figurado: regiões, países.

Dante Alighieri — Célebre poeta italiano (1265-1321), autor da "Divina Comédia".

Elmano — Pseudônimo de Bocage, na Nova Arcádia.

Ervadas — Envenenadas.

Estige — Rio do Peloponeso (Grécia), que os antigos localizavam nos infernos. É hoje o Mavro-Nero.

Favônio — Vento brando do poente, zéfiro.

Fogo insano — Causador, excitador de grandes estragos, etc., conforme se verifica no Dicion. de Morais: *"Páris de Tróia fogo insano"* (Eneida, 10, 173).

Fusco — Melancólico, triste.

Gládio — Poder, força, o direito de vida ou de morte.

Goa — Cidade da Índia, na costa do Malabar, possessão portuguesa.

Harpia — Monstro fabuloso, com asas, muito voraz, que tinha cara de mulher e corpo de ave de rapina. Metaforicamente esta palavra indica as pessoas que são dissolutas na honestidade e no procedimento.

Hidal-Khan — Tirano muçulmano, que, à frente de grande exército, manteve Goa inutilmente em estado de sítio, no ano de 1572.

Imigo — O mesmo que inimigo.

Imoto — Imutável, sem alteração.

Ismene — Uma das beldades, a quem Bocage dedicou versos, apesar de sabê-la volúvel e vil:

> *"Meus danos conto, minhas mágoas fio,*
> *Dou queixas contra Ismene, Amor, e o Fado."*

Langotim — Espécie de tanga, usada pelos hindus, para cobrir as partes pudendas.

Letes — Um dos rios dos infernos, cujo nome significa "esquecimento"; as "sombras" (almas dos mortos) bebiam suas águas para esquecerem o passado.

Ninfa — Divindade dos rios, dos bosques e dos montes.

Orfeu — Poeta e músico, filho de Apolo e de Clio (esta era a musa da História), ou, segundo outros, de Apolo e de Calíope; também, no parecer de alguns enciclopedistas, filho do rei Éagro, da Trácia (Grécia). Diz-se que com os seus cantos, acompanhados à famosa lira, fascinava pessoas, animais, plantas e rochedos; o nome de Orfeu passou a designar um músico ou um poeta.

Parca — Cada uma das três deusas: Cloto, Láquesis e Átropos, das quais a primeira fiava, a segunda dobava e a última cortava o fio da vida humana. No soneto de Bocage, desta série, em que se encontra esse nome, o poeta se refere à última, isto é, à morte.

Plectro — Instrumento que servia para fazer vibrar as cordas da lira; o gênio poético, a poesia.

Regaça — Pequeno rio pedregoso, que banha Óbidos, em terras lusitanas, às margens do qual ele se enamorara dos "*brandos olhos gentis*" de Tirséia.

Sírius (ou "Sírio") — Estrela de primeira grandeza da constelação do Grande Cão.

Surdo — No sentido figurado: inflexível, implacável, inexorável.

Tarpéia — Rocha, que formava a ponta sul do Capitolino e donde precipitavam os réus de alta traição e os conspiradores.

A expressão — Do Capitólio à rocha Tarpéia — significa: da grandeza, da elevação à decadência, à ruína.

Têmis — Deusa da justiça; a própria justiça.

Titã — Designação genérica de cada um dos gigantes, filhos de Urano, que quiseram escalar o céu e destronar Júpiter.

Vento — Também significa, em sentido poético: fado, sorte, fortuna.

Vênus — Divindade, filha de Júpiter, mãe do Amor e deusa da formosura; nome latino (da mitologia romana) da deusa Afrodite, filha de Zeus e a quem rendiam culto os gregos pagãos. — Nome de um dos planetas que giram em torno do Sol; Vênus aparece um pouco antes do dealbar, sendo pelo vulgo chamada "estrela-d'alva", e ao cair da tarde, quando toma o nome de "Vésper".

Rio de Janeiro, janeiro de 1947.

PORTO CARREIRO NETO

Livros da Federação Espírita Brasileira

Francisco Cândido Xavier

"GOTAS DE LUZ"

Francisco Cândido Xavier deu-nos mais uma obra de grande valor doutrinário, cujo título, bem significativo, indica que o desejo do Autor — Casimiro Cunha — é iluminar consciências, preparando-as para as lutas e os obstáculos que a vida nos põe à frente.

É um livro filosófico, profundamente filosófico, mas, ao revés de obras semelhantes, ele se nos apresenta em estilo popular, oferecendo-nos, em pequeninas quadras, ensinamentos proveitosos, e dando-nos, em diminutos versos, muito que pensar.

Transcrevamos algumas dessas quadras, para que o leitor julgue, por si mesmo, do valor educativo de "Gotas de Luz".

Uma palavra que emende,
Uma palavra que corte...
Uma pode dar a vida,
Outra pode dar a morte.

Que não te espante a aspereza
Do espírito envenenado;
Quem bebe cicuta e fel
Não pode cuspir melado.

Insultos, provocações,
Não retenhas na memória.
A inveja é sempre um tributo
Que a mesquinhez rende à glória.

Nos pareceres dos outros
Nem sempre há muita valia.
Há sarcasmo que te exalta
E há louvor que te injuria.

Meu Senhor, Pai de Bondade,
De Luz e de Amor sem fim,
Não me abandones à treva
Que trago dentro de mim.

Por essas poucas quadras, o leitor poderá avaliar do proveito que a todos é possível tirar da meditação de seus ensinamentos, profundos, não há dúvida, mas simples e penetrantes como a própria luz de que são formados.

Hernani T. Sant'Anna

CANÇÕES DO ALVORECER

É esta uma obra escrita principalmente para o coração, verdadeira "mensagem de luz" dirigida à Humanidade, segundo as palavras de Emmanuel.

Nela canta o lirismo emotivo do inspirado Autor, traduzindo em maviosos versos lições de profundo cunho espiritual e filosófico.

A delicada sensibilidade da alma do jovem e já primoroso artista reflete-se em todas as suas composições poéticas, cujas rimas primam pela beleza e harmonia do ritmo e da musicalidade.

A relevância dos diferentes temas, a superioridade, a nobreza com que são tratados, numa linguagem ora viva e vigorosa como o ribombar do trovão, ora amena e suave como o vibrar da harpa eólia, — empolgam-nos logo à leitura das primeiras páginas.

A sugestiva capa em tricromia, a excelente apresentação, o formato maior que o comum, tudo isto revela o senso estético que se imprimiu à apresentação gráfica deste livro que, sem favor algum, é digno de figurar na estante de qualquer cultor do belo e da verdade!

Francisco Cândido Xavier e Waldo Vieira

ANTOLOGIA DOS IMORTAIS

Psicografada pelos médiuns acima, é obra que reúne duas centenas de belíssimas produções poéticas, todas objetivando a edificação moral da criatura humana, a mostrar-lhe, igualmente, que a morte é porta para outra vida em que os enganos, os erros, os remorsos, as alegrias e as esperanças tomam cores mais vivas.

O formato grande, o papel de primeiríssima qualidade, a primorosa apresentação gráfica, os retratos de mais de cem poetas brilhantemente biografados pelo Dr. Elias Barbosa, organizador e prefaciador, os estudos críticos — tudo, tudo, enfim, faz de "Antologia dos Imortais" uma das mais importantes obras poéticas da FEB.

Francisco Cândido Xavier e Waldo Vieira

O ESPÍRITO DE CORNÉLIO PIRES

O Dr. Elias Barbosa, cujo nome já se firmou na admiração de quantos lhe conhecem a cultura literária, organizou, com as páginas enviadas pelo Espírito de Cornélio Pires, uma preciosa coletânea de sonetos e trovas, todos naquele inimitável estilo do consagrado poeta e humorista do Estado de São Paulo.

Antecede a obra excelente apresentação, também do Dr. Elias Barbosa, que estuda a vida e a obra do inesquecível autor de "Musa Caipira", trazendo à baila fatos e curiosidades de uma fértil existência, à qual não faltou o selo da bondade e do amor ao próximo, exaltados depois da conversão do poeta ao Espiritismo.

Os sonetos, e até um certo ponto as trovas cornelianas, encantam pela originalidade temática, pela graça ou tom jocoso e pelo espírito caipira de muitos versos. Isto não quer dizer que não lhes sobra filosofia e moral em abundância, numa pregação *sui generis* dos mais belos ensinamentos espíritas.

O livro é ilustrado com um retrato de Cornélio Pires, feito a bico de pena pelo exímio artista MESSIAS.

Francisco Cândido Xavier

ANTOLOGIA DA ESPIRITUALIDADE

"Este é um livro — de amor para os que cultivam a ciência de amar; de alegria para os que se rejubilam com as dádivas incessantes da vida; de luz para os que se desvencilham da sombra; de união para os que se desvelam na sustentação da concórdia; de serviço para os que se empenham a servir; de esperança para quantos se esforçam na extinção do pessimismo e da angústia; de fé para os que trabalham no levantamento do Mundo Melhor (...)." (*Extraído do Prefácio, pelo Espírito Emmanuel.*)

*

Hernani T. Sant'Anna

CORREIO ENTRE DOIS MUNDOS

Obra mediúnica feita de mensagens em prosa e verso de diversos autores espirituais, recebidas através da mediunidade de Hernani Trindade Sant'Anna. O leitor verá desfilarem através delas os estros de Espíritos tais como Castro Alves, Amaral Ornellas, Letícia, Cármen Cinira, M. M. du Bocage, Camões, Fagundes Varela, além de Áureo, André e muitos outros iluminados do Além. Abre o livro tocante poesia — o soneto **Ao Anjo Ismael**, de autoria do próprio médium, que, como excelente poeta que é, compõe também a poesia-fecho da obra: **Obrigado, Senhor**.

markgraph
Rua Aguiar Moreira, 386 - Bonsucesso
Tel.: (21) 3868-5802 Fax: (21) 270-9656
e-mail: markgraph@domain.com.br
Rio de Janeiro - RJ